La Qualité de l'Accueil en Entreprise

ISBN : 978-2-9586649-0-9

Moussa FAYE

La Qualité de l'Accueil en Entreprise

SOMMAIRE

INTRODUCTION

L'accueil est un élément clé de l'expérience des clients et des employés dans une entreprise. Il peut faire une grande différence dans leur perception de l'entreprise et influencer leur décision de revenir ou de travailler avec elle à long terme. Une bonne qualité d'accueil peut créer une impression positive, aider à établir une relation de confiance et à renforcer l'image de marque de l'entreprises. À l'inverse, une mauvaise qualité d'accueil peut nuire à l'image de l'entreprise et causer une frustration ou un mécontentement chez les clients et les employés. C'est ainsi que, dans ce livre, nous allons explorer l'importance de la qualité de l'accueil en entreprise, les avantages d'un accueil de qualité et les moyens d'améliorer l'accueil dans votre entreprise.

Fournir un accueil de qualité, c'est bien

communiquer, bien maîtriser les mécanismes qui favorisent une excellente compréhension entre l'émetteur et le récepteur. C'est susciter directement une satisfaction totale du client à la suite de l'accueil, c'est également lui laisser une bonne impression de l'image de marge de l'entreprise.

Il est bon de rappeler qu'un accueil chaleureux vous touche au cœur, et qu'il démontre une considération par rapport à votre personne, et qu'un mauvais accueil aussi vous met dans la tourmente. Ces arguments sont valables aussi bien à la maison qu'au sein des entreprises.

Beaucoup de clients et partenaires rencontrent beaucoup de problèmes liés à l'accueil dans certaines petites, moyennes et même dans des grandes entreprises. Très souvent, ces difficultés sont liées à la qualité de l'accueil qu'ils déplorent pour plusieurs raisons. Parmi ces motifs, on évoque très souvent le fait l'agent d'accueil néglige son rôle et ne paie pas attention à la personne qui est en face de lui.

Quelquefois, l'accueil est très froid, les salutations ne sont pas appropriées, ne sont pas professionnelles. Il arrive que le client se rend compte que son interlocuteur d'en face le néglige dans sa façon de communiquer ou ne lui accorde pas la considération qu'il mérite. Quelquefois, le client aussi important qu'il soit, porteur de chiffre d'affaires ou prospect intéressé par les produits et services de l'entreprise ou de l'institution, se sent frustrée et devient impatiente du fait de l'incertitude autour de sa question ou de sa sollicitation. Dans certains cas, les clients rapportent que leur interlocuteur ne leur salue même pas, ou on les fait attendre éternellement pour des questions dont la solution doit être immédiate. Les clients, parfois font face à des situations conflictuelles avec des agents d'accueil qui ne démontrent pas une disponibilité pour une écoute attentive les besoins du client. La relation en face de moi, a le visage renfrogné, je ne suis pas à mesure de lui parler, donc je cherche un alternatif parmi le personnel pour gagner du temps, répliquent quelques clients. C'est autant de remarques que font les clients qui savent plus à quel sain se vouer. Il arrive que le rencontre se traduit parfois par des querelles, des disputes sans fin au détriment de l'image de l'entreprise. Autant de remarques sont, aujourd'hui, soulevées par les clients et partenaires au sein des entreprises publiques et privées de sorte qu'ils s'interrogent sur les capacités des managers et responsables de certaines entreprises à relever ces grands défis de management ou régler ces situations de négligences avérées.

Ce guide est conçu pour rappeler la déontologie en matière d'accueil et l'impact qu'un bon ou mauvais accueil peut avoir au sein de l'entreprise.

DIFFÉRENTS TYPES D'ACCUEIL

L'accueil est visuel et direct lorsque le préposé à l'accueil et le client sont en contact « physique ». Le contact est immédiat et spontané.

L'accueil est non visuel et direct lorsque le préposé à l'accueil et le client sont en contact téléphonique. Le contact est également immédiat et spontané.

L'accueil est non visuel et indirect lorsque le préposé à l'accueil et le client sont en contact « écrit » (courrier, mail). Le contact est alors différent.

L'accueil est virtuel lorsque le préposé à l'accueil et le client ont la possibilité de se voir, d'être en contact direct à partir d'un ordinateur ou lorsqu'ils utilisent un appareil digital leur permettant et de discuter directement (chatting).

I. L’ACCUEIL PHYSIQUE

L'Accueil c'est avant tout une orientation vers le client. L'accueil doit immanquablement être orienté vers le client, à savoir être à sa disposition et même migrer, dans une mesure juste et proportionnelle, vers des tâches personnalisées pour lui.

L'accueil de la clientèle en face à face est, sans surprise, exactement, ce à quoi il ressemble. Il s'agit de recevoir et d'aider les clients de manière plus personnelle. Plutôt que de compter sur le courrier électronique, le téléphone ou internet, l'accueil en face à face nécessite que les clients et les représentants qualifiés de l'entreprise soient physiquement présent au même endroit qui est l'espace d'accueil.

La manière d'accueillir par des salutations (greetings) avec les bonnes manières, est un bon moyen de vous différencier avec vos concurrents et d'engager le client. C'est un excellent moyen d'ouvrir le dialogue avec lui sans l'étouffer ou lui donner la possibilité de vous fermer avec un « non, merci ».

L'accueil physique ou face à face dans une entreprise est un processus essentiel qui vise à recevoir et orienter les visiteurs, clients, fournisseurs ou tout autre individu se rendant sur les lieux de l'entreprise. Il s'agit d'une première impression importante qui peut influencer la perception que les personnes ont de l'entreprise et de ses valeurs.

Le déroulement de l'accueil physique peut varier d'une entreprise à une autre en fonction de sa taille, de son secteur d'activité et de sa culture organisationnelle. Cependant, il existe généralement quelques étapes clés qui sont suivies lors de l'accueil physique.

1. Préparation : Avant l'arrivée des visiteurs, il est important que l'entreprise se prépare à les recevoir. Cela peut inclure la formation du personnel chargé de l'accueil, la mise en place d'un espace d'accueil accueillant et bien organisé, ainsi que la préparation des documents ou informations nécessaires pour répondre aux demandes des visiteurs.

2. Accueil initial : Lorsque les visiteurs arrivent sur les lieux de l'entreprise, ils doivent être accueillis chaleureusement par le personnel chargé de l'accueil. Ce premier contact est crucial pour créer une atmosphère positive et professionnelle. Le personnel d'accueil doit être souriant, poli et attentif aux besoins des visiteurs.

3. Identification et enregistrement : Dans de nombreuses entreprises, il est courant de demander aux visiteurs de s'identifier et de s'enregistrer à leur arrivée. Cela peut se faire en remplissant un formulaire d'enregistrement ou en présentant une pièce d'identité. Cette étape permet de garder une trace des personnes présentes dans l'entreprise et de renforcer la sécurité.

4. Orientation : Une fois que les visiteurs sont enregistrés, il est important de les orienter vers leur destination. Cela peut inclure la fourniture d'un plan du bâtiment, d'indications claires ou même l'accompagnement par un membre du personnel jusqu'à leur destination. L'objectif est de s'assurer que les visiteurs se sentent à l'aise et qu'ils trouvent facilement leur chemin.

5. Attente : Dans certains cas, les visiteurs peuvent avoir besoin d'attendre avant d'être reçus par la personne qu'ils souhaitent rencontrer. Il est important de prévoir un espace d'attente confortable et bien aménagé, avec des sièges, des magazines ou tout autre élément qui peut rendre l'attente agréable.

6. Rencontre avec le personnel : Lorsque les visiteurs sont prêts à rencontrer le personnel de l'entreprise, il est essentiel que cette rencontre se déroule de manière professionnelle et efficace. Le personnel doit être informé de l'arrivée des visiteurs et être prêt à les recevoir. Il est également important de respecter les horaires prévus pour éviter tout retard ou désagrément.

7. Conclusion de la visite : Une fois que la rencontre est terminée, il est important de conclure la visite de manière appropriée. Cela peut inclure la remise de documents pertinents, la prise de rendez-vous pour une prochaine rencontre ou simplement un remerciement chaleureux pour la visite.

Il convient de noter que chaque entreprise peut adapter ces étapes en fonction de ses besoins spécifiques. Par exemple, dans certaines entreprises, il peut être nécessaire de fournir un badge d'accès aux visiteurs ou de leur faire signer un accord de confidentialité. De plus, dans le contexte actuel de la pandémie de COVID-19, des mesures supplémentaires peuvent être mises en place pour assurer la sécurité et la santé des visiteurs et du personnel.

En conclusion, l'accueil physique ou face à face dans une entreprise est un processus important qui vise à créer une première impression positive et professionnelle. En suivant les étapes clés telles que la préparation, l'accueil initial, l'identification et l'enregistrement, l'orientation, l'attente, la rencontre avec le personnel et la conclusion de la visite, les entreprises peuvent offrir une expérience d'accueil de qualité à leurs visiteurs.

1. L'ESPACE D'ACCUEIL

L'espace d'accueil est le premier point de contact avec les visiteurs. Il est le point d'entrée au sein des locaux de l'entreprise. Cet espace doit être aménagé dans le but de respecter la confidentialité au sein de l'entreprise et adapté aux besoins du personnel qui y travaille. Cet espace est très névralgique et c'est la raison pour laquelle il doit répondre aux critères d'exigences professionnelles allant dans le sens de renforcer l'image de l'entreprise.

L’emplacement du service d’accueil est généralement situé à l'entrée de l’entreprise ou de l'institution, de manière à installer les préposés loin des bureaux des autres collaborateurs, des salles de réunions, de machines (photocopieurs et autres matériels) très souvent utilisées par le personnel. Le milieu doit être insonorisé et calme.

Dans certaines entreprises, l’espace d'accueil est également doté d’un bureau aménagé pour des entretiens et autres formes de concertations ou d’échanges, avec les visiteurs. Un espace d’attente confortable et apaisant renforce la perception positive de l’image que les clients et visiteurs garderont de la qualité de service de l’entreprise. Ainsi, offrir un espace agréable est un atout concurrentiel et offre un message fort aux visiteurs, sur l’identité de l’entreprise. Pour répondre aux attentes de nos clients, il est important de penser aux conditions d’accueil susceptibles d’atténuer la fatigue, le stress du transport emprunté pour joindre l'entreprise. Dans certains cas, la matérialisation des files d'attente est une option qui s'impose, pour contenir l'afflux important des visiteurs.

La matérialisation de files d'attente

Certaines grandes entreprises qui ont un flux de visiteurs très important comme les banques, mettent en place un système d'utilisation de matériel de gestion automatique et adéquat qui délivre des numéros d'appel.

L'utilisation de **matériel de gestion d'accueil automatique** délivrant des numéros d'appel

En fonction de la nature de l'activité de l'entreprise, des plaquettes et des dépliants, contenant des informations essentielles pour les visiteurs, sont mis à leur disposition pour renseigner sur les activités, les produits offerts, les conditions d'accès aux produits et services offerts.

Présentoir pour plaquettes ou dépliants

La connexion d'Internet doit être fiable à l'accueil pour l'accès aux documents d'information, pour la vérification des supports et pour garantir la confidentialité. Il est très important de donner confiance à nos visiteurs, en leur proposant un lieu d'accueil chaleureux et confortable, en installant des sièges confortables. Le choix de couleurs joyeuses est important dans le choix du label de l'entreprise et dans l'aménagement des espaces qui doivent favoriser la détente et la sérénité. L'entreprise doit se doter, si nécessaire, d'un présentoir de catalogues, dépliants et flyers disponibles pour les clients et visiteurs qui souhaitent prendre connaissance des produits et services de l'entreprise.

Elle doit également se doter d'un éclairage adéquat favorisant une atmosphère de détente et une sensation de bien-être.

Concernant l'isolement pour protéger du bruit, une acoustique enveloppante et un confort de son approprié, un mobilier absorbant dans certains cas, sont des solutions envisageables en fonction des moyens de l'entreprise. Un système d'éclairage déficient peut ternir l'image de l'entreprise et faire douter la clientèle. Il est également d'utilité pratique d'installer un vestiaire pour les hôtes et hôtesses. Il importe de bien retenir qu'un espace convivial est toujours un moyen, parmi tant d'autres, d'appréciation et de fidélisation de la clientèle.

2. LA CHARTE ET LES PROCÉDURES D'ACCUEIL

Dans l'entreprise, l'accueil joue un rôle fondamental en tant qu'élément de concurrence et une source majeure de vulnérabilité. Un accueil de qualité nécessite une charte et un code de déontologie bien élaborés par les dirigeants de l'entreprise même, pour fixer les conditions et la mise en œuvre de la réception des clients. La charte d'accueil représente donc un outil essentiel pour l'entreprise et décrit les procédures à suivre pour un accueil de qualité.

La politique de communication de l'organisation doit être clairement définie de manière à faciliter une compréhension et une adhésion totale de l’ensemble des employés. Les maîtres-mots doivent être la formation et la sensibilisation de tous les agents, pour une bonne application de la charte qui est liée à cette politique générale de communication de l’entreprise. Pour des besoins de transparence, cette charte ne doit en aucun cas souffrir d'ambiguïtés susceptibles de créer la confusion dans l’esprit des agents. En outre, elle définit les procédures à suivre en ce qui concerne l’accueil physique « face à face », l’accueil téléphonique ou virtuel.

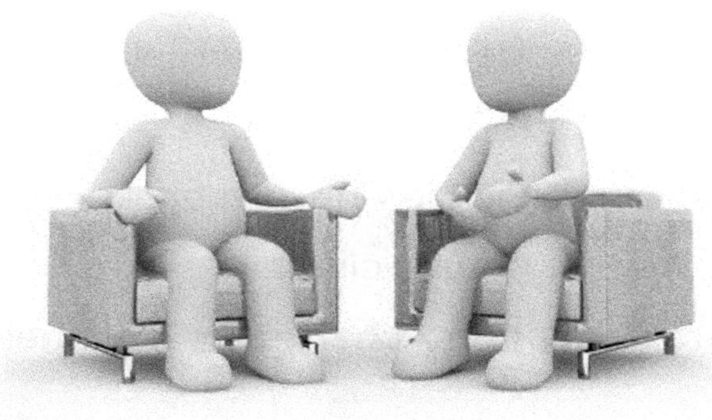

L'ensemble des pratiques doivent être harmonisées dans le but d'éviter d'éventuels déphasages par rapport à l'application de cette charte. En signant celle-ci, chaque agent engage ses responsabilités et, par conséquent, accepte de s'impliquer davantage dans sa mise en pratique.

3. LE SCHÉMA D'ACCUEIL

L'accueil peut avoir 3 finalités : renseigner, conseiller et orienter le client.

L'espace d'accueil représente la vitrine matérielle de l'entreprise et assure une fonction fondamentale et stratégique de polissage de son image. Se positionnant dans le prolongement de la vitrine « virtuelle » de ladite entreprise (publicité), l'accueil en est tout simplement la vitrine « humaine » et le premier point d'entrée pour le client.

Le verbal : **l'agent chargé de l'accueil doit** pouvoir s'exprimer de manière polie et courtoise, dans l'exercice de sa fonction, (excluant tout excès de familiarités) en faisant preuve des compétences nécessaires attendues, à l'oral comme à l'écrit.

Le non verbal : l'agent doit adopter une expression faciale, une posture, une gestuelle, une attitude et une tonalité de voix qui dégagent une image positive de l'entreprise et témoigne d'une aptitude relationnelle.

L'empathie : L'agent doit toujours pouvoir se mettre à la place d'une personne (le client) dans l'optique de cerner au mieux sa demande, et montrer par la même occasion un intérêt réel pour son besoin. C'est le principe d'accueillir comme nous aimerions nous-mêmes être accueillis.

La diplomatie et la résistance au stress : l'agent d'accueil doit pouvoir garder son calme face à une situation qui tourne au conflit avec un client et montrer une aptitude à désamorcer la tension et/ou le conflit. C'est le principe de la désescalade.

Des divers documents collationnés sur la

fonctionnalité d'accueil, que celle-ci soit assurée en entreprise publique ou en entreprise privée, que cette entreprise soit à but lucratif ou simplement active dans le secteur du non marchand, il ressort que :

De manière schématique commune à toute forme d'entreprise, l'accueil consiste à :

1. Réceptionner une demande d'information ou de service.
2. Analyser la demande.
3. Répondre succinctement et clairement à la demande.
4. 4. Orienter, le cas échéant, vers « le » service spécialisé pour une réponse assortie d'une plus-value spécifique.

L'Accueil c'est un inventaire de bonnes pratiques :

Les bonnes pratiques relevées pour une fonctionnalité d'accueil, quel que soit le secteur d'activité de l'entreprise, s'articulent sur les axes suivants.

L'écoute active : pouvoir écouter attentivement un client afin de comprendre sa demande, mesurer le degré d'urgence et donner une suite efficace (arriver au résultat par tout moyen) et efficiente (arriver au résultat par le moyen le plus économique).

La disponibilité : interrompre sa tâche au profit du client tout en lui évitant l'impression gênante de déranger un ordre préétabli.

La tenue vestimentaire : avoir une tenue vestimentaire correcte et en adéquation avec le secteur d'activité et la culture de l'entreprise.

Le délai de réponse : tenter de donner réponse à la demande d'un client, dans un délai court, quitte à reprendre par la suite contact avec lui pour une réponse complémentaire différée.

La polyvalence : pouvoir pallier à des tâches bureautiques sortant du contexte de l'accueil, connaître l'entreprise et ses services/produits fournis, avoir une connaissance horizontale (généralités) du fonctionnement de l'entreprise et des services/produits qu'elle offre.

La reconnaissance du client : pouvoir reconnaître un client récurrent de l'entreprise et donc faire preuve d'une certaine mémorisation des noms et personnaliser la relation. Le client se sent beaucoup plus à l'aise lorsqu'il entretient des relations saines avec le personnel d'accueil, mais attention aux dérives et exagérations.

Le principe d'une demande vaut réponse : donner systématiquement une réponse à une demande même si la demande ne peut pas être satisfaite. Faire patienter le client en attendant la prise en charge définitive de la question et la solution préconisée.

La maîtrise des outils fournis par l'entreprise : savoir manipuler avec aisance les moyens mis à disposition par l'employeur pour l'accomplissement des tâches (centrale téléphonique, outil informatique, etc.

L'adhésion aux objectifs de l'entreprise :

- Connaître les objectifs que l'entreprise désire atteindre et contribuer à leur atteinte en suivant toutes les formations et réunions organisées pour éclaircir les objectifs fixés par l'entreprise et obtenir la documentation

L'amélioration continue :

- Se former continuellement dans son domaine d'activité afin de faciliter les échanges avec les clients et d'être à l'aise pendant les séances d'accueil.

L'exigence d'un diplôme ou pas? :

- Il semble qu'il n'y ait pas de diplôme ou de parcours idéal pour devenir un bon chargé d'accueil. L'accueil, c'est finalement plutôt un « savoir être » qu'un « savoir-faire ». Le recrutement pour une telle fonction devrait donc, en toute logique, se faire sur base de la personnalité et des connaissances générales.

Suggestion :

- Il serait peut-être utile de penser à la création d'un logo (comme il en existe un pour le point Info) qui permettrait aux personnes de se diriger facilement vers les bureaux d'accueil quelle que soit l'entreprise.

4. LE CHARGÉ D'ACCUEIL

Le chargé d'accueil a pour mission d'accueillir la clientèle d'une manière appropriée et conforme à la charte d'accueil de l'entreprise. Quel que soit le type d'accueil, physique, téléphonique ou virtuelle, l'agent d'accueil doit jouer pleinement sa mission, en animant et en organisant l'espace d'accueil et d'information. Il doit écouter attentivement le visiteur et recueillir sa demande, l'informer ou l'orienter. Son rôle est également de mettre à jour les outils logistiques et effectuer les tâches administratives qui lui sont conférées. L'agent doit quelquefois aussi gérer des rendez-vous et actualiser l'affichage, ainsi que les informations mises à la disposition de la clientèle.

Le préposé à l'accueil est supposé avoir de très bonnes qualités humaines. Il doit humaniser chacune de ses interactions avec les partenaires, avoir un très bon sens de l'accueil, et montrer une disponibilité remarquable. L'agent d'accueil doté d'un bon esprit d'équipe peut valoriser ses relations avec les visiteurs par une bonne communication. Au préalable, une bonne présentation de l'agent serait un atout certain pour promouvoir une bonne image de l'entreprise au regard des visiteurs. Des compétences par rapport au poste sont requises pour permettre à l'agent de jouer pleinement son rôle. Il doit être formé pour plus de performance et muni de capacités intellectuelles lui permettant d'envisager des échanges fructueux avec les visiteurs. Pour des soucis d'efficacité, le chargé d'accueil se doit de maîtriser toutes les techniques et être à mesure d'appliquer tous les codes verbaux et non verbaux requis à savoir le sourire, des gestes mesurés, une voix posée, un regard franc et un langage positif.

5. LE DÉROULEMENT DE L'ACCUEIL

La codification des points essentiels qui caractérisent une situation d'accueil.

Le Professionnalisme

- Soyez Professionnel, cette attitude est

directement liée à la fonction et à la politique de l'entreprise. Dans la plupart des entreprises, le professionnalisme est une compétence de base que chaque employé devrait posséder suite à des formations adéquates et adaptées.

- Maintenez une attitude serviable et positive. Lorsque vous avez un client mécontent entre vos mains, il est utile de se rappeler que vous êtes là pour aider et trouver une solution. Faites preuve de professionnalisme à tout moment en démontrant une excellente conduite, un comportement louable et appréciable.

La Compétence

- Être dans la capacité de répondre efficacement et rapidement à certaines problématiques qui peuvent être gérées par téléphone. Démontrer une disponibilité pour renseigner ou répondre correctement aux clients. En cas de doute ou d'incompréhension des questions posées par la relation, faire attendre poliment le client en attendant de vous référer aux autres personnes ressources capables d'apporter rapidement les réponses ou solutions afin de le satisfaire.

La Conformité

- Votre accueil doit être à l'image de votre entreprise. Donnez-vous le temps de reformuler la question du client. N'inventez pas la roue, ne sortez pas du cadre du protocole d'accueil de l'entreprise. Allez vers l'essentiel et évitez les répétitions et les non-dits. Évitez les hésitations et certaines formes de négociations. Soyez confiant.

La Disponibilité

- Votre client ou prospect ne doit pas sentir qu'il est de trop, que sa présence ou son appel dérange. A toute demande, de la part de votre client, vous devez répondre rapidement, en prenant soin de ne pas le faire attendre plus que de raison. Orientez-le rapidement en cas de nécessité.

L'Implication

- Dès l'accueil, faites ressentir que vous vous sentez impliqué. Prenez entièrement vos responsabilités en tant qu'agent assermenté pour un bon déroulement de l'accueil. Soyez diligent celui qui réceptionne l'appel doit se sentir investi de sa mission : celui d'orienter et de répondre aux questions de l'interlocuteur, toujours dans l'unique **volonté de bien faire et de satisfaire le client.**

Respect des horaires

- L'heure c'est l'heure, soyez disponible aux heures indiquées. Si vous devriez être absent pendant plusieurs jours, n'oubliez pas de le spécifier sur votre répondeur en indiquant la date de votre retour et de laisser un numéro alternatif aux clients.

Personnalisation

Adopter un code vestimentaire adapté à l'emploi ou à la fonction exercée. Ce que les employés portent affectent également la façon dont les clients perçoivent l'entreprise. Dans certaines situations, on peut rappeler aux agents de mettre des vêtements bien entretenus et adaptés à l'environnement de travail de l'entreprise. Dans d'autres cas, l'employeur fournit des vêtements qui permettent aux clients d'identifier facilement les employés. Par exemple, les employés peuvent porter un uniforme ou une combinaison de couleurs spécifique.

Souriez

- C'est la courtoisie d'accueillir le visiteur

poliment avec un sourire. Un visage fermé, donne toujours une mauvaise impression sur l'accueil qui peut être jugé déplorable par la relation.

- Utiliser une voix posée avec un ton modéré pendant la conversation.et des gestes très mesurés.
- Ayez des **indices d'identification du client** (par son patronyme, son appartenance, etc.).
- Ayez votre regard tourné vers l'interlocuteur
- Témoignez-lui respect et considération par votre écoute.
- Ne pas manger, fumer ou boire durant vos appels.
- Ne pas accepter de communications téléphoniques personnelles ou professionnelles en présence d'un client (promettre de rappeler et le faire...).

Soyez Discret

Confidentialité (faire attention lorsque vous énumérez tout haut le nom ou le numéro de téléphone de votre contact téléphonique, les personnes autour de vous peuvent écouter votre conversation) !

Éviter de faire attendre.

- même si vous devez faire patienter votre contact le temps de trouver des informations. Si le temps d'attente vous parait trop long, proposez au client de le rappeler à tout moment de la journée, notez son numéro de téléphone et rappelez.

Traitement de la demande

- Avoir une excellente élocution et s'exprimer correctement dans un langage audible pour le visiteur.
- Soyez clair et précis dans les renseignements fournis au client. Ne jamais parler de "problème", préférez parler de

"solution".

- Synthétisez le message reçu, prenez des notes si nécessaires.
- Reformulez au besoin.
- Proposez et énoncez un traitement rapide et efficace, en deux ou trois points.
- Assurez-vous de la pertinence de vos propos et de l'orientation proposée (au besoin en demandant confirmation au client).

Exemple, si vous proposez à votre client de se rendre à tel endroit éloigné de plus de 50 km, alors qu'il vient de vous dire que son véhicule est en panne, vous avez manqué une étape !

II.L'ACCUEIL TÉLÉPHONIQUE

Rappelons que l'accueil téléphonique est très déterminant pour l'image de marque de votre entreprise. La qualité de l'accueil doit demeurer une priorité. La façon dont le client est accueilli, a une influence immédiate sur sa perception de l'entreprise.

Non visuel et direct : le préposé à l'accueil et le client sont « en contact téléphonique ». Le contact est également immédiat et spontané.

L'accueil au téléphone est le premier contact qu'une société établit avec un client ou un partenaire. Il s'agit du tout début de la relation avec le client.

Il va sans dire que ce contact doit être à la hauteur des enjeux en débutant sur une bonne note. De plus en plus d'entreprises l'ont compris et investissent pour un service d'accueil irréprochable. Certaines externalisent la fonction pour faire appel à des professionnels joignables sur une large plage d'horaires. D'autres préfèrent garder la maîtrise de cette relation et investissent dans la formation d'un personnel compétent (formation et/ou recrutement).

Suivez ces 12 conseils qui vous aideront à savoir bien répondre au téléphone :

1- **Répondre à tous les appels avant la troisième sonnerie**

Généralement, un **client s'impatiente** à partir de la troisième sonnerie. Il est préférable de répondre au téléphone avant cette troisième sonnerie.

2- **Faire preuve de chaleur humaine et d'enthousiasme**

Lorsque vous répondez au téléphone, prenez une voix "chaude" (prévenante) et enthousiaste. Si vous ne savez pas bien comment faire, imaginez-vous lorsque vous accueillez des invités chez vous.

N'oubliez pas que dans certains métiers (peut-être le vôtre ?) votre voix est le seul contact humain dont bénéficient prospects et clients.

3- **Au moment de répondre, s'identifier et identifier son entreprise**

Lorsque vous répondez, n'oubliez pas d'accueillir de façon courtoise les personnes. Et surtout, **identifiez-vous, de même que votre entreprise**. Par exemple : *"Société Immobilier Plus bonjour, merci de nous contacter ; Mme Fall à votre écoute !"*

Trouvez une formulation qui corresponde bien au nom de votre entreprise, et qui permette de répéter la phrase d'accueil 50 fois dans la journée... sans l'écorcher ni en oublier un élément.

Ce conseil permet d'éviter qu'une personne vous demande si elle bien à la bonne adresse et avec la bonne personne. Si vous donnez toutes ces informations et que la personne pose tout de même la question. C'est que vous avez parlé trop vite ou pas de façon suffisamment claire.

4- **Faites-vous comprendre facilement**

Énoncez clairement vos propos : Faites attention à ce que votre voix ne soit ni trop forte, ni trop faible. Enfin, parlez lentement et clairement lorsque vous répondez au téléphone.

Une bonne élocution permet de vous faire comprendre clairement par votre interlocuteur.

5- **Contrôlez votre vocabulaire et votre langage lorsque vous répondez**

Faites attention à **éviter tout jargon et tout mot trop familier**.

Par exemple, au lieu de dire “OK”, “Pas de problème”, dites plutôt : “C’est entendu”, “Parfait”, “Nous sommes d’accord”.

Si au téléphone vous employez souvent des onomatopées, du genre "Euh", "Mmh", “Oups”, “Erf”, ... ou encore des répétitions “parasites” comme “voilà”... entraînez-vous à les éliminer. De sorte à ce que votre propos soit clair en toute occasion.

De cette façon, vous donnez une allure très professionnelle à vos propos. Vous gagnez en crédibilité.

6- **Employez un vocabulaire et des phrases positives**

Entraînez votre voix et votre vocabulaire à être positifs lorsque vous répondez. Même si c'est pour vous un jour "sans".

Par exemple, au lieu de dire "Je ne sais pas", dites plutôt "*Je vais me renseigner sur ce point dont je ne suis pas sûr, et vous rappelle aussitôt*".

7- **Prendre correctement les messages**

Écoutez les messages jusqu'à leur fin, et **notez-les de façon juste et exhaustive**. S'il y a un élément que vous ne comprenez pas, ou pour lequel vous hésitez sur l'orthographe (comme un identifiant client), rappelez la personne pour le lui demander.

Enfin, faites attention à ce que le message atteigne la bonne personne dans l'entreprise.

8- **Rappelez toutes les personnes dans la journée**

Je vous propose cet adage : "*Premier arrivé, premier servi !* ". Si une personne vous a laissé un message, il est important de le rappeler **dans la journée**. Le premier qui renseigne un prospect et le convainc, c'est celui qui a une vente. La personne capable de trouver une solution au souci d'un client dans la journée, c'est quelqu'un qui embellit considérablement l'image de l'entreprise.

Que ce soit un prospect ou un client, rappeler dans la journée est bon pour le business : cela permet soit de remporter une vente, soit de fidéliser les clients. **Le marketing n'est pas si loin !**

9- **Demander à la personne si elle accepte d'être mise en attente**

Demandez toujours si une personne veut bien être **mise en attente** lorsque vous répondez au téléphone.

Et ne laissez pas la personne attendre trop longtemps... donnez des informations aux personnes en attente toutes les 30 à 45 secondes si vous le pouvez.
Donnez des alternatives si vous en avez, comme celle-ci : “*Monsieur Faye est au téléphone avec un client. Souhaitez-vous patienter ou voulez-vous que je demande à Monsieur Durand de vous rappeler ?*”

10- **N’utilisez pas de haut-parleur**

N’utilisez pas de haut-parleur, sauf en cas **d’absolue nécessité**. Le haut-parleur provoque de multiples soucis : l’appelant peut entendre un écho par exemple. L’appelant peut avoir l’impression que vous ne lui accordez pas toute votre attention, ou alors, vous lui faites penser que son appel est écouté par les collègues qui travaillent à côté de vous.
D’une façon générale, l’utilisation d’un haut-parleur n’est nécessaire ou ne se justifie que lorsqu’une autre personne doit participer à la

conversation, à vos côtés, avec l'appelant.

11- **Appliquer les mêmes astuces à votre boîte vocale et votre répondeur automatique**

Si vous utilisez un répondeur pour prendre les messages en votre absence, vérifiez que le message d'accueil soit professionnel. Vérifiez aussi qu'il applique le conseil N°3.

Enfin, veillez à ce que votre message d'accueil de répondeur donne toute autre information pertinente avant d'enregistrer le message.

Refaites votre accueil vocal si besoin. Par exemple, si votre entreprise est exceptionnellement injoignable au téléphone, pour cause de congés, dites-le sur le message. Indiquez quand la ligne sera disponible, et donnez des alternatives : le numéro d'un collègue, proposer d'envoyer un courriel par exemple.

12- **Appliquer les mêmes règles pour chaque membre de votre équipe**

Formez les membres de votre équipe à répondre de la même façon au téléphone. Les onze (11) conseils ci-dessus doivent être suivis par tous, afin de donner une cohérence et une image très professionnelle à votre entreprise.

Vérifiez que chacun les applique bien. Passez des coups de fil à votre entreprise, *ou demandez à des proches de le faire,* afin de tester si votre équipe répond de la bonne façon et de manière professionnelle.

Alternativement, si vous en avez la possibilité, travaillez de temps à autre à côté des personnes qui répondent au téléphone, pas forcément immédiatement à côté, mais de sorte à entendre vos collègues. Cela permet d'écouter de quelle façon ils répondent et d'améliorer vos capacités de communication.

Il faut savoir que bien répondre au téléphone, c'est considérer l'appelant

Ces astuces pour savoir comment répondre au téléphone relèvent surtout du bon sens et du respect pour la personne qui appelle.
Pour faciliter leur application, il faut imaginer, à chaque appel, accueillir un ou une invitée pour qui vous avez une grande considération. Vous serez ainsi amené à faire preuve de chaleur et de spontanéité. Vous veillerez alors à ne pas décevoir et à montrer le meilleur de vous-même.

III. L'ACCUEIL VIRTUEL

L'accueil virtuel est une pratique qui consiste à offrir une expérience de bienvenue et de soutien aux clients et aux employés de l'entreprise via des canaux numériques tels que les applications mobiles, les sites web et les plateformes de messagerie. L'objectif de l'accueil virtuel est de fournir une expérience de clientèle personnalisée et d'améliorer la satisfaction des clients en leur offrant des informations et des services en temps réel.

L'accueil virtuel peut être utilisé dans différentes situations, telles que la gestion des clientèles, la fourniture de soutien technique, la vente de produits et services, et la gestion des ressources humaines. Les entreprises peuvent utiliser des outils de logiciels tels que les plateformes de gestion de la clientèle (CRM), les systèmes de gestion de la relation client (SRM), les plateformes de messagerie instantanée, les applications mobiles et les sites web pour offrir un accueil virtuel de haute qualité.

Les avantages de l'accueil virtuel dans

l'entreprise sont nombreux. D'abord, il permet aux entreprises de fournir une expérience de clientèle personnalisée et de répondre aux besoins des clients en temps réel. En second, il permet aux entreprises de réduire les coûts liés à la gestion de la clientèle, tels que les coûts de transport et les coûts de maintenance des installations physiques. En troisième, il permet aux entreprises de s'adapter aux besoins des clients en temps réel, ce qui peut améliorer la satisfaction des clients et augmenter les ventes. Les entreprises peuvent mesurer l'efficacité de leur accueil virtuel en utilisant des indicateurs tels que le taux de satisfaction des clients, le taux de rétention des clients, le taux de conversion des ventes et le taux de résolution des problèmes. Les entreprises peuvent également utiliser des outils d'analyse pour identifier les tendances et les opportunités d'amélioration dans l'expérience de clientèle. Il est important de noter que l'accueil virtuel ne remplace pas l'accueil physique, mais plutôt il complète et améliore l'expérience de clientèle. Les entreprises doivent donc trouver un équilibre entre l'accueil physique et l'accueil virtuel pour offrir une expérience de clientèle complète et satisfaisante.

1. Les nouveaux outils d'accueil

Aujourd'hui, nous assistons à un développement rapide de l'outil informatique, qui a entraîné un changement profond de nos attitudes professionnelles. Concernant l'accueil, nous sommes en face de nouvelles méthodes de communication qui se traduisent par l'usage d'outils virtuels comme Skype, Zoom, WhatsApp, Facetime et autres matériels virtuels nous permettant de communiquer face à face comme en contexte d'accueil physique, selon les mêmes principes et avec les mêmes exigences.

L'accueillant se doit de réceptionner une demande d'information ou de service, d'analyser la demande, de répondre succinctement et clairement à la demande et, finalement, d'orienter le cas échéant, vers le service spécialisé pour une réponse assortie d'une plus-value spécifique.

La plus importante considération est de se doter de tous les outils informatiques adéquats permettant à l'agent d'accueil de procéder correctement à l'exercice de sa fonction, en vue d'un résultat qualitatif. Nous sommes à l'heure de la réception virtuelle, il existe de plus aujourd'hui de possibilités en matière de digitalisation.

A cette étape du progrès, les besoins en kiosques virtuels s'accentuent, surtout dans les salons de réception, pour permettre aux visiteurs de s'inscrire, de prendre un ticket ou de se faire imprimer un badge. A ce service d'identification de la réception virtuelle, s'ajoute le dispositif de sécurité relatif à l'identification des visiteurs, pour un contrôle d'accès grâce aux caméras de surveillance.

2. La digitalisation

Aujourd'hui, il existe des services d'accueil qui assurent un fonctionnement normal 24 heures sur 24 sans la présence physique d'un réceptionniste. La possibilité est donnée aux clients et visiteurs d'être connectés directement à la salle de contrôle de sécurité et d'entrer en contact avec un collaborateur et ce, par écran vidéo interposé. Le standard téléphonique demeure encore le premier point de contact entre un client et l'entreprise. Il doit être aisément joignable, performant et réactif. A ce sujet, des entreprises font appel à des centres d'appel « Call Center » qui offrent des moyens de gérer les communications, de manière efficace, et de permettre aux employés de se conformer à leur planning de travail, sans être dérangés par les sonneries du téléphone et pour mieux se concentrer sur leurs tâches. C'est ce que l'on appelle un « service d'externalisation du standard » qui est accompagné par la mise en place d'une boîte vocale personnalisés et d'un espace client disponible, quelquefois 24h/24.

En général, tous les messages pris par les opérateurs sont envoyés en temps réel par email ou SMS. De ce fait, quel que soit le lieu où vous vous situez, vous pouvez en prendre connaissance et organiser par la suite votre agenda. Ce qui est le plus important est de se rendre compte que le réceptionniste virtuel ajoute un professionnalisme et une crédibilité à l'entreprise.

En résumé, l'accueil virtuel est une pratique qui consiste à offrir une expérience de bienvenue et de soutien aux clients et aux employés de l'entreprise via des canaux numériques. Les avantages de l'accueil virtuel sont nombreux, tels que la personnalisation de l'expérience de clientèle, la réduction des coûts liés à la gestion de la clientèle et l'adaptation aux besoins des clients en temps réel. Les entreprises peuvent mesurer l'efficacité de leur accueil virtuel en utilisant des indicateurs tels que le taux de satisfaction des clients et le taux de rétention des clients.

CONCLUSION

Dans un paysage commercial hautement compétitif d’aujourd’hui, l’importance d’offrir un accueil de qualité aux clients et aux employés ne peut être surestimée. Un programme d'accueil bien conçu peut avoir un impact significatif sur le succès d'une entreprise en favorisant des premières impressions positives, en instaurant la confiance et en créant un sentiment d'appartenance. Dans cette conclusion, nous aborderons les principales raisons pour lesquelles un accueil de qualité est essentiel en entreprise et fournirons des recommandations pour mettre en œuvre un programme d'accueil efficace.

Les premières impressions comptent

Le vieil adage « on n’a jamais une seconde chance de faire une première impression » est vrai dans le monde des affaires. Un accueil de qualité donne le ton à toutes les interactions futures et peut faire ou défaire la relation avec les clients et les employés. La recherche a montré que les gens se forgent rapidement des opinions et que ces premières impressions peuvent être difficiles à changer. Un programme de bienvenue bien conçu peut aider à établir une première impression positive, ce qui peut conduire à une fidélisation accrue des clients, une meilleure rétention des employés et de meilleurs résultats commerciaux.

Construire de la confiance

La confiance est un élément essentiel de toute relation réussie, et un accueil de qualité peut aider à établir la confiance avec les clients et les employés. Lorsque les individus se sentent valorisés et respectés lors du processus d'accueil, ils sont plus susceptibles de faire confiance à l'entreprise et à ses représentants.

La confiance peut conduire à une fidélisation accrue des clients, à une meilleure rétention des employés et à de meilleurs résultats commerciaux.

Créer un sentiment d'appartenance

Un accueil de qualité peut contribuer à créer un sentiment d'appartenance entre les clients et les collaborateurs. Lorsque les individus sentent qu'ils font partie d'une communauté ou d'une entreprise, ils sont plus susceptibles de s'engager auprès de l'entreprise et de ses représentants. Un programme d'accueil bien conçu peut contribuer à favoriser un sentiment d'appartenance, ce qui peut conduire à une fidélisation accrue des clients, une meilleure rétention des employés et de meilleurs résultats commerciaux.

Améliorer la réputation de la marque

Un accueil de qualité peut également rehausser la réputation de la marque d'une entreprise. Lorsque les clients et les employés vivent des expériences positives au cours du processus d'accueil, ils sont plus susceptibles de partager leurs expériences avec d'autres, ce qui peut contribuer à bâtir la réputation de l'entreprise. Un programme de bienvenue bien conçu peut contribuer à établir une réputation de marque positive, ce qui peut conduire à une fidélisation accrue des clients, une meilleure rétention des employés et de meilleurs résultats commerciaux.

Améliorer les résultats commerciaux

Enfin, un accueil de qualité peut améliorer les résultats de l’entreprise en augmentant la fidélité des clients, en améliorant la rétention des employés et en améliorant les performances globales de l’organisation. Lorsque les clients et les employés se sentent valorisés et respectés lors du processus d'accueil, ils sont plus susceptibles de s'engager auprès de l'entreprise et de ses représentants. Un programme de bienvenue bien conçu peut contribuer à favoriser des relations positives, ce qui peut conduire à une fidélisation accrue des clients, une meilleure rétention des employés et de meilleurs résultats commerciaux.

Ce qu'il faudra retenir au bout du compte, c'est la réalisation de l'objectif de satisfaction des clients et/ou des personnes et institutions en relation avec l'entreprise ou l'institution. Il faudra également noter que l'atteinte de ce résultat passe par la qualité de l'accueil offerte par les différents agents représentant et défendant l'image de marque de l'entreprise ou de l'institution, à travers la bonne conduite, les motivations sous-jacentes, une communication efficace et l'observation stricte d'un code de déontologie.

La satisfaction de la clientèle est l'indicateur qui démontre que les produits, les services et l'expérience client de l'entreprise répondent aux attentes des clients et partenaires. C'est le baromètre qui reflète la santé de votre entreprise montrant à quel point vos produits et services résonnent auprès de vos relations.

La qualité de l'accueil valorise l'entreprise et

favorise la fidélisation des partenaires qui, en retour, augmentent le chiffre d'affaires, et par ricochet, la rentabilité au sein de la structure d'accueil. Cette rentabilité devra éventuellement se traduire par une promotion des agents. Il faut souligner également, qu'il y a une vérité universelle qui indique qu'un client mécontent est plus susceptible de parler aux autres de son expérience négative qu'un client satisfait de partager une expérience positive. C'est la raison pour laquelle, les questionnaires de satisfaction sont souvent soumis à l'appréciation de la relation. Ces statistiques permettent de recueillir les impressions favorables et défavorables des clients, leurs niveaux de satisfaction ou d'insatisfaction. En conséquence, de nouvelles orientations sont généralement prises pour améliorer le fonctionnement de la structure d'accueil. Donner la priorité à la satisfaction des clients et apporter des modifications en fonction des commentaires négatifs, peux aider votre entreprise à obtenir de meilleurs avis, et par conséquent, plus de clients.

ETA : A quel niveau de satisfaction correspond votre note ?

Excellent	Très bon	Bon	Mauvais	Très Mauvais
9,2	8,3	7,1	4,4	1,0

Un accueil de qualité est essentiel dans l'entreprise pour favoriser des premières impressions positives, instaurer la confiance, créer un sentiment d'appartenance, renforcer la réputation de la marque et améliorer les résultats commerciaux. En mettant en œuvre un programme d'accueil efficace, les entreprises peuvent établir des relations positives avec les clients et les employés, ce qui peut conduire à une fidélité accrue des clients, une meilleure rétention des employés et de meilleurs résultats commerciaux.

TABLE DES MATIERES

www.ingramcontent.com/pod-product-compliance
Ingram Content Group UK Ltd.
Pitfield, Milton Keynes, MK11 3LW, UK
UKHW022007190726
13853UKWH00004B/1785

9 782958 664909